Lk 9646

LA
TRAPPE DE THYMADEUC

IMPRIMERIE DE W. REMQUET ET Cⁱᵉ, RUE GARANCIÈRE, 5,
derrière Saint-Sulpice.

LA TRAPPE DE THYMADEUC

PRÈS ROHAN (MORBIHAN)

PAR LE VICOMTE

GOUZILLON DE BÉLIZAL

PARIS
CHARLES DOUNIOL, LIBRAIRE-ÉDITEUR,
rue de Tournon, 29.

1859

A DOM BERNARD

FONDATEUR ET ABBÉ DU MONASTÈRE DE NOTRE-DAME

DE LA

TRAPPE DE THYMADEUC.

Mon Révérend Père,

Au milieu de toutes les agitations qui remplissent le monde et qui du moins ne peuvent franchir le seuil de votre monastère, il fait bon de chercher par le plus doux souvenir dans votre solitude la paix que le monde ne connaît pas et que Dieu vous donne comme un avant-goût du ciel.

Il y a aujourd'hui dix-huit années que vous arriviez dans nos landes armoricaines pour y réunir autour de la Croix tout un peuple qui devait montrer à notre siècle dégénéré, que le temps des Bénoît et des Bernard n'était point passé sans retour.

Tout peuple a son histoire; Dieu sait combien en peu d'années elle peut être longue et remplie de vicissitudes. Les nations semblent précipiter le temps, ou plutôt c'est la main de Dieu qui les mène pour leur prouver qu'il n'y a de repos qu'en lui.

Pour vous, mon Révérend Père, depuis le jour où votre houlette s'est levée pour protéger ce petit coin de notre Bretagne, les années ont dû vous paraître un jour et votre fondation n'être que d'hier, tant les peines et les luttes semblent courtes entre l'autel et le cloître. En effet, la Trappe doit avoir, comme les institutions dont les fondements sont sur la terre, ses combats, ses luttes et son triomphe; mais chaque jour la prière et la vie crucifiée y attirent la grâce et le soutien d'en haut.

Je vous prie, mon Révérend Père, d'agréer l'hommage de ce récit, qui raconte ce que j'ai pu arracher aux mystères du cloître de cette histoire de dix-huit années; car Dieu seul aura le secret de toutes les vertus que chaque jour voit grandir dans cette solitude.

DÉDICACE.

Pour nous, qui passons seulement à Thymadeuc, nous pouvons y admirer combien, dans un siècle aussi amoureux d'indépendance que le nôtre, tous ceux qui y vivent sous une aimable servitude savent s'y trouver heureux et se contenter de la liberté des enfants de Dieu.

Je prie Votre Révérence de vouloir bien agréer l'assurance de ma respectueuse affection et de mon entier dévouement,

Louis Gouzillon de Bélizal.

Château des Granges, ce 22 juillet 1859.

LA TRAPPE DE THYMADEUC

I.

C'est une grande joie pour un voyageur que de rencontrer sur sa route les ruines d'un antique monastère ; il admire les colonnes brisées et cherche, sous la poussière qui les cache, quelques traces d'une inscription gothique ou quelque pierre tumulaire qui rappelle le souvenir d'un temps qui n'est plus.

Au milieu de ces ruines, témoins bénis d'un siècle de foi, l'imagination anime ces débris et évoque pour ainsi dire à son insu la majestueuse figure de ces moines qui apparaissent comme des ombres sous ces antiques arceaux. Que de fois n'avons-nous pas cherché cette douce vision dans les ruines de ces vieilles abbayes de la Bretagne, à Bosquen, au fond des forêts, à Beauport, sur le rivage de la mer, dont le bruit des tempêtes était, pour le religieux, comme l'écho vaincu des orages du monde!... Cependant le souffle de l'esprit de Dieu a passé sur ces ruines, et, comme au temps d'Ezéchiel, les ossements se sont animés et ont repris l'abondance de la vie. Il n'est plus besoin de s'entourer de pierres et de débris pour rêver les souvenirs du moyen âge. Allez frapper à la porte d'une nouvelle abbaye, et le rêve deviendra une douce réalité : un moine vous attend sur le seuil. Le silence, qui est le roi de ces solitudes, n'a rien qui épouvante et qui glace comme celui de la tombe : c'est le gardien de la conversation de ces hommes avec Dieu. Leurs lèvres s'entr'ouvrent pour vous sourire, et ce muet langage, plus éloquent et plus vrai que celui du monde à un visiteur souvent importun, vous dit assez : Vous êtes le bienvenu.

Le monastère où je reviens aujourd'hui par le plus doux souvenir, c'est l'abbaye de la Trappe de Notre-Dame de Thymadeuc. Elle s'élève sur la vieille terre de Bretagne, dans le pays du Morbihan, où le champ des Trente et celui des martyrs de Quibéron sont les témoins de la valeur sans reproche de nos pères. Il fallait, à cette terre sanctifiée par la foi séculaire de ses enfants et par leur noble martyre, la gloire non moins belle d'être arrosée par les sueurs et protégée par les prières d'humbles et fervents religieux.

II.

Le berceau de la maison-mère de la Trappe est dans un vallon solitaire, aux confins du Perche et de la Normandie. Rotrou II, comte du Perche, y éleva une église en l'honneur de la sainte Vierge, en action de grâces du calme obtenu pendant une grande tempête. Après avoir bâti cette église et y avoir appelé les religieux de l'ordre de Savigny pour y chanter les louanges de la libératrice, ce noble comte, compagnon de Godefroi de Bouillon, reprit la route de Jérusalem pour mettre encore son épée au service du saint sépulcre.

Savigny avait été fondée en 1112 par un chanoine

de Séez, et comptait déjà de nombreux monastères, lorsque Rotrou II appela ces moines dans le vallon solitaire de la Trappe, qui donna son nom à cette famille religieuse. En 1148, la Trappe entra dans l'ordre de Cîteaux ; ce fut l'humilité qui inspira et compléta cette remarquable fusion. Le quatrième abbé de Savigny, Serlon, voulut remettre sa direction et celle de ses enfants entre les mains de saint Bernard : alors chacun voulait marcher à la conquête du ciel, à la suite de cet homme qui savait captiver ainsi les multitudes. « On vit une merveille
« qu'on ne reverra jamais, dit avec raison l'auteur
« des *Annales de Cîteaux* : une congrégation, ou
« plutôt un ordre composé de trente monastères,
« répandus dans toute la France, en Angleterre, en
« Normandie, illustre par le mérite de ses moines,
« par la gloire de ses églises, par l'étendue de ses
« possessions, quitta ses usages déjà consacrés par
« le temps, abandonna son habit et passa sous les
« lois d'un autre ordre. » C'est dans l'humilité la plus profonde que la Trappe a pris naissance, en venant ainsi réclamer la dernière place dans l'ordre de Cîteaux. Mais Dieu est juste, et il a su donner sa récompense dès ici-bas à cette maison religieuse, en lui assignant les premiers rangs parmi les

enfants de son Église. Il est venu au-devant de ces
conviés au banquet du ciel, et leur a dit : « Mes
« amis, montez plus haut (1). » En effet, vous
voyez les religieux de la Trappe, au premier degré
dans la pénitence et l'abnégation, survivre même
aux ruines des autres familles religieuses qui sem-
blaient devoir briller d'un éclat immortel, et faire
revivre l'ordre de Cîteaux disparu, en présentant à
un autre siècle la vertu, la foi et la pénitence de
saint Bernard, et l'esprit de saint Benoît, le premier
législateur.

III.

L'épreuve ne manqua pas à la Trappe, et la plus
forte lui fut réservée. En effet, le glaive et l'exil
n'abattent pas les grands courages, mais ils ne sont
jamais mieux vaincus que par des chaînes de fleurs.
La mollesse et le luxe sont les seules armes qui puis-
sent vaincre les guerriers endormis dans les délices
de Capoue. La Trappe, en 1527, perdit ses abbés

(1) *Amice, ascende superius.*

réguliers, et ses commendataires ne connurent plus que le nom de leurs abbayes et les revenus qu'ils en retiraient chaque année. La règle n'eut plus bientôt sa vigueur première, et l'esprit de Dieu sembla quitter ces monastères qui se rendaient indignes de ses mystérieuses visites.

Mais Dieu avait ses desseins, et deux hommes étaient destinés, chacun à leur temps, à relever la Trappe de ses ruines et à la conduire comme par degrés, et suivant l'esprit et la vertu du siècle, aux dernières hauteurs dans la vie de l'abnégation et de la pénitence.

Dieu avait réservé, pour le grand siècle de Louis XIV, l'abbé de Rancé, et plus tard, au milieu de la tourmente révolutionnaire, Dom Augustin de Lestrange. Ce dernier devait placer la Trappe au premier degré dans la perfection de la vie crucifiée, et même dépasser dans ces temps de bouleversements, par ses étonnantes austérités, le premier réformateur dans la voie triomphale du Calvaire.

Armand Jean Le Bouthillier de Rancé avait passé sa jeunesse dans le luxe et la dissipation ; mais la grâce toucha ce cœur fier et rebelle : il ne vit plus dans sa demeure somptueuse que celle d'un réprouvé, et abbé de la Trappe, il se prépara, par un rude noviciat, à gouverner et à réformer son monastère. Ami du grand Bossuet, qui venait souvent inspirer son génie et l'épancher en secret dans le cœur de son humble confident, il fit peser sur le monde, au milieu de tant d'hommes éminents, la sagesse et la prudence de ses conseils. Il laissa, dans son livre de la *Sainteté de la vie monastique*, des leçons qui déconcertèrent la lâcheté de plusieurs et qui achevèrent de faire croître la ferveur des autres. La Trappe fut le refuge des grandes infortunes ; des têtes couronnées vinrent y méditer avec le néant de ce qui se passe, et des princes s'y consolèrent des déceptions dont le monde n'est jamais avare. L'abbé de Rancé, en se rapprochant, autant qu'il sentait son siècle capable, de l'observance première, releva l'ordre de Citeaux qui venait de tomber par un excès de relâchement, et replaça la Trappe au rang d'où l'enfer et le monde, jaloux de tant de vertus, l'avaient fait déchoir.

La réforme de l'abbé de Rancé florissait plus que jamais, lorsque la révolution française éclata et menaça de ses fureurs la noblesse, le clergé, et jusqu'aux pauvres Trappistes qu'elle voulut arracher du tombeau anticipé qu'ils s'étaient choisi, en répé-

tant avec Job : « Le tombeau sera ma maison, et
« j'ai préparé ma couche au milieu des ténè-
« bres. »

Cependant un libérateur était réservé dans les desseins de la Providence : Dom Augustin de Lestrange, maître des novices, en 1791, établit non loin de Fribourg, à la Val-Sainte (1), les enfants de la Trappe sauvés du naufrage et des fureurs révolutionnaires ; il y fixa la réforme de la Trappe. C'est au milieu des montagnes de la Suisse que, conduite par la main de Dieu, l'arche qui renfermait, au milieu de cet affreux déluge, un trésor de miséricorde, s'est arrêtée à des hauteurs de sainteté et de pénitence jusqu'alors inconnues. Il fallait d'immenses répara-

---

(1) La Val-Sainte est le berceau de tous les monastères qui portent aujourd'hui le nom de Trappe. Après avoir essuyé des contradictions sans nombre, Dom Augustin avait obtenu de ses supérieurs l'autorisation nécessaire pour établir à la Val-Sainte, ancienne Chartreuse, une petite colonie de vingt-quatre religieux.

Les anges descendirent sans doute du ciel pour accompagner jusque dans leurs montagnes ces voyageurs, qui s'en allaient riches en espérances célestes, sans autre trésor que leurs instruments de pénitence, montant dans une pauvre charrette avec autant de joie qu'un conquérant sur son char de triomphe et confondant les ennemis de Dieu en opposant à leur insulte les bénédictions et le plus humble silence.

tions pour abréger ces jours de colère. L'esprit de Dieu, figuré par la colombe de l'arche, put trouver où reposer son vol fatigué, et ce dut être au milieu des austérités vraiment incroyables de la Val-Sainte que le regard de Dieu s'arrêta avec complaisance et reprit sa miséricordieuse douceur, en contemplant ses courageux élus. Dom Augustin de Lestrange dut paraître à tous les coins du monde, en Espagne, en France, en Suisse, en Russie et jusque dans l'autre continent pour répandre partout, avec l'étonnement des immenses privations que Dieu demandait par lui à ses saints, l'amour et la haute estime que sait toujours et partout inspirer une éclatante vertu. Cette réforme nouvelle a pu embrasser toutes les règles des premiers disciples de saint Benoît, et même adopter comme obligations les conseils du premier législateur. On ne peut s'empêcher, à la vue de cette réforme opérée aux jours les plus malheureux, de rapprocher dans son souvenir cette parole prophétique de Tobie annonçant à Jérusalem le retour de sa gloire : « Jérusalem, cité de Dieu, le Seigneur t'a « châtiée, rends-lui grâce pour les biens que tu re- « çois, et bénis le Dieu des siècles afin qu'il réta- « blisse en toi un tabernacle, qu'il ramène à toi les « captifs et que ta joie soit éternelle. »

Nous ne sommes pas entré dans les détails de la vie de ces divers réformateurs ; l'histoire de M. Gaillardin, sur *l'Ordre de Cîteaux au* xixe *siècle*, peut, mieux que tout autre récit, faire connaître la marche de la Providence dans tous ses mystérieux détails ; mais il nous tarde de parler de Thymadeuc et d'y retrouver les enfants de saint Benoît et de saint Bernard, conduits par Dom Le Bouthillier de Rancé et Dom Augustin de Lestrange dans la première voie de la vie monastique.

IV.

En 1841, Dom Joseph-Marie Hercelin, ancien professeur d'Écriture sainte au séminaire de Vannes, alors abbé de la Grande-Trappe, fut sollicité d'envoyer dans le Morbihan un essaim de sa colonie. Il céda à ces nombreux désirs par le souvenir de sa terre natale, et par la pensée de la joie que cette terre fidèle aurait à accueillir ce nouveau don de Dieu. Ce fut son ancien prieur, Dom Bernard, qu'il envoya prendre possession du petit manoir de Thymadeuc, près de la ville de Rohan.

Comme aux jours de saint Bernard, l'abbé de la maison-mère remit entre les mains du voyageur une petite croix de bois. Après l'avoir béni, l'avoir pressé d'une douce étreinte, il lui confia comme suprême adieu ses espérances de prospérité ainsi que les prévisions des épreuves que devait attendre le nouveau fondateur.

Mais la croix de bois devait rester toujours comme le précieux témoin des joies et des tristesses, comme le talisman, ou plutôt ainsi que le labarum des victoires, qui brillera à la voûte du cloître comme au ciel de Constantin.

C'était le 22 juillet 1841, jour où l'Église célèbre la mémoire de l'illustre pénitente qui honora le Sauveur de ses larmes et de ses parfums, que Dom Bernard partit pour sa fondation, accompagné d'un jeune diacre, comme lui profès de la Grande-Trappe, et d'un frère convers.

Le 24, au soir, ils arrivaient dans cette solitude, comme des pèlerins apostoliques, pour y former le premier noyau de cette famille sainte qui devait aussi honorer Dieu de ses larmes, de ses prières et du parfum de ses vertus.

Thymadeuc peut être comparé au mystérieux grain dont parle l'Évangile ; en effet, rien de plus humble que les débuts de cette fondation, et il ne fallut rien moins que le génie créateur dont est doué Dom Bernard pour que cette précieuse semence fût fécondée et portât des fruits de salut.

Thymadeuc, dans la langue bretonne, signifie bonne maison ou maison de bien ; ce petit manoir était alors comme perdu au milieu des bois ; un chêne immense couvrait presque entièrement la maison, et l'endroit où s'élève maintenant le monastère était couvert de broussailles. Les trois élus de Dieu, pour travailler à sa gloire dans ce petit coin de la Bretagne, commencèrent par convertir en monastère provisoire le petit manoir de Thymadeuc.

Les chambres les plus propres furent destinées à recevoir les hôtes ; le salon était déjà changé en chapelle, et deux chambres des anciens domestiques servirent de chapitre et de dortoir. Une vieille écurie presque sous terre, séparée en deux, forma le réfectoire et la cuisine; enfin, une haie de bois mort fut la première clôture. Il faut avoir vu ce premier séjour de trois religieux pour se faire une idée de leurs privations nombreuses. Mais au-dessus d'une des portes de cette vieille maison nous avons lu la devise de la famille de Thymadeuc, à moitié effacée par le temps ; cette devise était aussi celle des nouveaux seigneurs du lieu qui, sans autres richesses, sans autre blason que la croix, furent fidèles à ces trois mots écrits depuis des siècles au seuil du vieux manoir : *Espoir en Dieu.* En effet, envoyé par l'obéissance au milieu de landes et de terres incultes, accompagné d'un frère et d'un jeune diacre alors d'une santé chancelante, Dom Bernard n'avait qu'à compter sur la Providence. Souvent même il s'est vu découragé, désespérant du succès de son entreprise; alors Dieu le relevait providentiellement par les conseils de pieux amis, et surtout par la pensée de ceux qui l'avaient précédé dans la voie monastique, et en qui la confiance en Dieu ne fut jamais trompée. Ce fut dans cet humble berceau que Dom Bernard fortifia ses frères et vit grandir son œuvre au milieu d'innombrables difficultés. Il guida et éleva ses enfants avec fermeté et douceur au-dessus des prévisions humaines, et toujours heureux d'une pauvreté qui était si grande que ces religieux n'avaient pour les éclairer à l'office de la nuit que la clarté douteuse de la lampe qui brille devant le tabernacle.

La nouvelle fondation eut de terribles épreuves, tant de la part des anciens fermiers que de son immense pauvreté. Cependant ces trois pauvres de

Jésus-Christ partageaient avec leurs voisins ; ils prenaient même sur leur faible portion pour faire plus grande la part de leurs frères malheureux.

Il fallut bâtir, et ce fut alors que l'épreuve augmenta ; des bateliers qui avaient fait un marché pour le transport des premières pierres, firent faillite, et laissèrent vingt maçons sans ouvrage et sans matériaux : ce fut aussi dans ce temps que trois frères familiers quittèrent le nouveau monastère.

V

Il fallut se résigner aux privations de tout genre. Les heures de travail étaient doublées et ces hommes ne prenaient leur repos que dans la psalmodie sainte. Dom Bernard crut encore l'œuvre impossible : jamais il n'a voulu, en aucun cas, tendre la main ni emprunter la moindre somme : il se voyait au moment de renoncer et de reculer devant la stérilité de ses généreux efforts. Mais Dieu se chargea d'interpréter pour la petite famille une parole que sa bouche divine prononça sur quelques hommes pauvres et faibles comme eux : « Ne craignez rien, petit trou-

« peau (1). » Cette parole fut la force des apôtres ;
ce fut aussi l'espérance du fondateur de Thymadeuc.

Nous voudrions inscrire dans ce récit les noms
de tous ceux qui aidèrent la Providence dans sa sollicitude pour le nouveau monastère ; mais c'est le
secret de Dieu : il le révélera au jour des grandes
manifestations. Cependant, parmi les membres distingués du clergé qui ont généreusement secondé
l'œuvre de la fondation, il faut citer les noms chers
et vénérés de deux ecclésiastiques du diocèse
de Vannes, M. l'abbé Baron, vicaire général, et
M. l'abbé Louer, ancien supérieur du grand séminaire. M. Baron a toujours été pour les Trappistes
de Thymadeuc un bienfaiteur insigne, un ami incomparable, un père, et les religieux de Thymadeuc
se font un devoir et un bonheur de l'aimer, de le
vénérer. Que n'a-t-il pas fait pour eux !

M. Louer a terminé le cours d'une vie pleine de
jours et de mérites.

Encouragé par ces marques visibles de la protection de Dieu, Dom Bernard, après neuf mois de patience, commença son église, et, le 1er avril 1842, la

(1) *Nolite timere, pusillus grex.*

première pierre de l'église de Thymadeuc fut solennellement posée. Cette première pierre fut encore un don de la Providence : un officier, de passage au monastère, fut ému à la vue de ces hommes qui, guerriers comme lui, avec la différence du drapeau et de l'ennemi, montraient plus de courage dans le combat de tous les jours que les plus braves soldats sous le feu le plus meurtrier. Il déposa lui-même cent francs sur la pierre qui devait être la base du pieux édifice. On a dit, en parlant de la règle de Saint-Benoît (1) : « Les institutions qu'elle fonde, comme les mots et les images qu'elle emploie, portent une sorte d'empreinte belliqueuse. » C'est sans doute cette raison qui explique comment la Trappe, qui est une des institutions où se reflète l'esprit de saint Benoît, est aussi sympathique à l'homme de guerre. Je me souviendrai toujours à ce propos que, me trouvant un jour à Thymadeuc, je vis arriver un soldat, couvert de poussière et de sueur, qui se jeta, plein de joie, aux pieds du R. P. abbé auquel il était inconnu. Un novice de Thymadeuc, que la conscription avait enlevé à son cloître bien-aimé,

---

(1) *Correspondant*, 15ᵉ volume. *Saint Benoît*, par le comte de Montalembert.

avait fait cette conquête dans la vie des camps. Il
s'était fait l'apôtre de son camarade, et celui-ci
profita de son premier congé et traversa toute la
France pour voir de près ceux qu'il avait appris si
loin à tant aimer. Il en est plusieurs que cette sympathie pousse à la Trappe, et après avoir terminé
leur temps, qui ne font que changer de régiment;
il se trouve plus d'un soldat et plus d'un zouave
Trappistes, qui cachent, sous un humble capuchon,
de glorieuses cicatrices.

L'église de Thymadeuc s'élevait toujours, mais
lentement quelquefois; souvent la main de Dieu
semblait suspendre le cours de sa protection, comme
pour rappeler à Dom Bernard qu'il n'était puissant
qu'en elle. Il n'était d'ailleurs pas homme à l'oublier; aucune œuvre n'est immuable et ne participe
de l'éternité que si elle a Dieu pour but et pour
origine. Dans leur sollicitude, les religieux de Thymadeuc se seront souvent rappelé une lettre écrite
à Dom Bernard, alors dans un pressant besoin, par
une enfant de onze ans. Je ne puis résister au plaisir
d'arracher au livre des dernières révélations cette
page que les anges ont sans doute déjà comptée
comme l'une des plus précieuses et des plus belles
de ce livre mystérieux. « Mon Révérend Père, » écri-

vait cette jeune enfant, « ma mère m'a assuré que
« vous ne m'oubliez pas dans l'affection que vous
« portez à ma famille. Je veux en retour vous en-
« voyer ces cent francs que mon père m'a donnés
« à l'occasion de ma première communion. Je
« crois que le bon Dieu en sera content. » Oui,
certes, cette action généreuse, dictée à ce jeune cœur
par la foi la plus belle, aura assuré à cette vie qui
commençait sous de si nobles auspices les plus précieuses bénédictions.

Les premières années, huit postulants vinrent frapper à la porte du nouveau monastère, et ils y apportaient des connaissances vraiment précieuses en ce temps de fondation. Des menuisiers, des plafonneurs, des hommes de tous les métiers arrivèrent, chacun à son heure, et tous ceux qui persévéraient, se conservaient, au milieu du chaos de la fondation, dans une parfaite régularité. Dieu fut leur seul maître, ou plutôt l'Esprit-Saint donnait au père de la colonie naissante une grâce exceptionnelle pour se multiplier, dirigeant en même temps les travaux les plus divers et conduisant les âmes de ses enfants jusqu'aux plus hauts degrés de la perfection. Les disciples n'avaient d'ailleurs, comme les serviteurs d'un saint roi, qu'à placer leurs pieds dans les empreintes du maître pour se sentir remplis des mêmes vertus.

Dom Bernard, le rituel de Cîteaux à la main, dirigeait tous les travaux ; on voyait les religieux creuser les fondations, préparer le sol et les matériaux, et se faire les serviteurs des premiers ouvriers. Chaque année, la maison de bien, Thymadeuc, était augmentée, et les travaux n'étaient interrompus qu'aux heures des épreuves, alors que les ressources manquaient. Dom Bernard attendait avec patience l'instant de Dieu et ne voulait pas le hâter par le moyen de quêtes et de dettes. En 1842 l'église fut donc bâtie, et les années qui suivirent furent marquées par d'importants travaux. En 1843 le chapitre fut prêt à abriter les pénitences et les accusations de l'humilité ; en 1844 la cuisine fut construite ; l'année suivante ce fut le réfectoire ; enfin, en 1845, le cloître fut terminé. Dieu pourvut aussi à la construction de la façade.

Voilà en quelques mots comment, à travers des difficultés dont Dieu seul connaît le nombre, Thymadeuc s'éleva et progressa pour la gloire et le triomphe de Dieu et de son Église.

VI.

Au milieu de toutes ces laborieuses épreuves, de beaux jours devaient se lever sur le monastère encore naissant. Dans ses annales on doit y voir, à diverses reprises, un coin du ciel bleu paraître un instant à travers les nuages. Ces jours de courte durée, mais de grandes consolations, ce fut la consécration de l'église, l'érection de Thymadeuc en abbaye par Pie IX, et enfin l'élection et la bénédiction abbatiale de Dom Bernard, le bien-aimé fondateur de cette petite colonie.

Le 1er septembre 1846 est inscrit comme le jour natal du nouveau monastère. Dès le lever du soleil, tous les chemins qui conduisent à Thymadeuc, quelque raboteux et mauvais qu'ils soient, furent envahis par une foule nombreuse. D'ailleurs une ardente curiosité était éveillée : grâce à la fête de la consécration de l'église, les barrières si redoutables de la clôture tombaient devant les femmes qui pouvaient visiter tous les lieux réguliers. Trois évêques et trois abbés étaient présents. Mgr Le Mée, évêque de Saint-Brieuc et Tréguier, de chère et sainte mémoire, à l'invitation de Mgr l'évêque de Vannes, était le prélat consécrateur; il était assisté de Mgr de la Motte-Vauvert, évêque de Vannes, et de Mgr Graverand, évêque de Quimper; les trois abbés étaient: le R. P. Joseph Marie, de la Grande-Trappe, D. Maxime, abbé de Melleray, et D. Augustin, abbé de Belle-Fontaine.

L'église de Thymadeuc est surtout remarquable par son maître-autel, chef-d'œuvre d'architecture gothique; tout y plaît, les ogives, les frontons et les statuettes. Tout y porte à la piété; deux anges en bois de noyer inspirent l'âme à la vue de leur expression suppliante. Deux autres autels, aux deux bras de la croix, sont consacrés à S. Benoît et à S. Bernard, l'un législateur, l'autre père immédiat des Trappistes: les statues de ces deux saints sont dignes d'être citées. Plus loin, adossés au mur, à l'extrémité du bras de la croix, est l'autel de N.-D. de Pitié, et en face un autre autel surmonté d'un calvaire de forme grandiose. L'église renferme douze autels.

L'anniversaire de la consécration de cette église est célébré comme une fête toute de sainte joie, puisqu'elle rappelle à tous les heureux enfants du cloître le premier triomphe de leur famille nouvelle, après les labeurs de la création.

L'érection de Thymadeuc en abbaye fut sollicitée auprès de notre saint et vénéré Pie IX par Mgr l'évêque de Vannes, et par feu révérendissime Dom Joseph Marie, abbé de la Grande-Trappe. Sa Sainteté accueillit leur supplique avec cette bonté paternelle qui la caractérise. Les pouvoirs furent envoyés de Rome le 13 juillet 1847 et Monseigneur de Vannes érigea l'abbaye et confirma l'élection du premier abbé au mois de septembre suivant.

En l'absence de Dom Bernard, alors au chapitre général, celui-ci fut élu à l'unanimité, et le 28 novembre de la même année Monseigneur de la Motte-Vauvert donnait au fondateur la bénédiction abbatiale dans la vieille cathédrale de Vannes. Ce fut un beau spectacle pour la cité bretonne que celui de tous les religieux avec leur blanc vêtement, courbant leurs têtes couronnées devant le nouvel abbé qui, en échange de ce gage d'obéissance, approchait de ses enfants bien-aimés son front béni par la main du Pontife.

VII.

C'est ici l'instant de nous arrêter devant ce nouvel abbé, qui retourne dans son désert, couronné de sa mitre et appuyé sur son bâton pastoral. Il revient au milieu des chants de joie de sa famille aimée, emportant avec la bénédiction du Pontife le mystérieux prestige d'une douce royauté. Ce n'est plus l'humble prieur arrivant au milieu de ses landes avec deux compagnons. La famille s'est multipliée, les bruyères sont changées en de riches moissons, et la vieille masure d'autrefois a fait place à un beau monastère. Dans l'église nouvellement consacrée on entendra désormais vibrer la voix mâle et expressive de l'abbé, et même l'humble frère à qui sont inconnus les mystères de la langue de l'Église, peut comprendre les chants qui s'échappent de ses lèvres aimées ; tant est grand le talent qu'il possède de donner une vie à ses paroles et de faire passer dans l'âme de ses frères les sentiments qui inspirent la sienne et l'énergie qui la soutient.

Il retourne vers les siens n'emportant rien de plus

des richesses et des honneurs des hommes : sur son front brille comme le reflet de la majesté du Dieu qu'il représente, et ses mains sont pleines des bénédictions les plus amples et les plus précieuses. L'éclat de l'or n'ajouterait rien à la belle auréole de ce prélat religieux ; son cœur respire aussi librement sous sa croix de bois, et le sceptre de ce nouveau roi du désert n'est qu'un rameau de la forêt. N'est-ce pas d'ailleurs la croix et la crosse de bois qui ont sauvé nos pères et même nous ont apporté, à travers un siècle de barbarie, la plus pure civilisation ?

Dom Bernard n'est pas seulement prélat, il faut le voir ailleurs qu'au milieu des solennités du cloître ; il est beau aussi à contempler, excitant les religieux à la pénitence et au travail. Il semble être partout à la fois : vous le reconnaîtrez aisément, vous qui passez à Thymadeuc, à sa démarche à la fois vive et majestueuse, s'appuyant sur un bâton, rendu nécessaire par ses infirmités nombreuses, causées par de trop rudes labeurs.

Mais surtout, cherchez, si vous le pouvez, un regard comme le sien, rempli tout ensemble de finesse et de bienveillance, sous lequel vous seriez tenté de baisser le vôtre, si vous pouviez craindre de livrer votre âme, comme un miroir, sous l'œil de cet homme à qui Dieu semble avoir donné part à la profondeur et à l'éclat du sien.

Ses enfants ne l'abordent jamais qu'en fléchissant le genou; c'est bien là le roi le plus heureux, le mieux obéi et le plus aimé. Cependant il ne ménage pas les humiliations, et il faut avoir le sens de la perfection évangélique en voyant un religieux aux pieds de Dom Bernard. Celui-ci s'efforce de donner à son regard une expression dure et sévère; ses paroles semblent avoir oublié leur bienveillance habituelle. Cependant vous verrez ce pauvre Trappiste lever vers son père un regard doux et affectueux, éloquente action de grâce pour ces humiliations qui méritent devant Dieu la plus belle des récompenses. Aucun de ces religieux ne sait se plaindre de la dureté de ces paroles, inspirées il est vrai par un cœur qui ne les a jamais redoutées. Ces réprimandes sévères passent sur l'âme de ces hommes de Dieu, comme le flot de la mer sur le rocher perdu au milieu de l'Océan.

Le R. P. abbé est non-seulement aimé et chéri de ses enfants, il plaît au monde par ses manières remplies de franchise et d'affabilité; le soldat croit rencontrer en lui un ancien frère d'arme, et beaucoup ont pensé longtemps qu'il avait quitté l'épée pour le froc de Trappiste. Actif et plus courageux qu'il n'est robuste, le jour il est partout et le soir vous verrez une seule fenêtre éclairée à la façade du monastère : cette lampe solitaire est le témoin des veilles et des travaux de Dom Bernard, dont l'autorité est la première des servitudes. En deux mots, l'abbé de Thymadeuc se distingue par la fermeté et la douceur; comme la Providence de Dieu, il dispose toutes choses avec force et suavité, et l'on peut dire que la main à qui Dieu a confié les rênes de cette tribu sainte, c'est une main de fer couverte d'un gant de velours.

VIII.

Le voyageur qui vient demander à Thymadeuc l'hospitalité d'un jour, ou celui qui cherche dans la solitude le repos de l'âme, sent, dès l'entrée, la paix pénétrer son cœur. Au portail extérieur le seuil est protégé par la statue de la Vierge sainte et béni par la parole de Dieu qui annonce à ceux qui le franchissent la félicité de ceux qui l'habitent. Dans l'intérieur, au milieu de la façade du monastère, il salue encore la mère et la patronne de tous les Trappistes, au-dessus de laquelle l'aiguille marque les heures qui dans ce lieu béni passent douces et tranquilles dans les labeurs du jour ou dans le repos ou les saintes veilles de la nuit (1). Il est accueilli par deux pères de chœur, et ces deux anges de la terre se prosternent devant l'hôte qui leur est envoyé, comme Abraham devant les célestes voyageurs.

Dans notre siècle, la pensée de la communion des saints et de la réversibilité des mérites est peu comprise. C'est à l'industrie et au progrès matériel que se portent tous les efforts de notre temps. Il en est peu qui suivent Moïse sur la montagne, à la recherche des lois divines, tandis que la foule imite les infidèles Israélites et entoure le veau d'or, mystérieuse idole qui symbolise nos plaisirs. Mais il est de nobles intérêts matériels que les Trappistes ont

(1) La Vierge de la façade est due au ciseau de M. Le Brun, sculpteur à Lorient. Cette statue est estimée des connaisseurs. La tête, doucement inclinée, a une expression de tendresse mêlée de respect; la draperie est belle et bien exécutée. On aime à signaler l'œuvre d'un jeune artiste aussi recommandable par ses sentiments religieux que distingué par ses talents.

dû apprécier. Celui qui visitera Thymadeuc verra comment ces moines cultivent la terre avec la patience des anciens patriarches, et s'efforcent de n'être pas en arrière du progrès.

Tout autour du monastère s'étendent de nombreux bâtiments destinés à l'agriculture. Vous y verrez des granges spacieuses pour y abriter la récolte et servir de dépôt aux instruments aratoires. Le cultivateur peut y étudier les machines nouvelles et prendre d'utiles conseils. La mission des Trappistes n'est pas de marcher à la tête du mouvement agricole, mais de populariser ce qui est bon et de montrer comment on peut appliquer les méthodes avec prudence. Le paysan visiteur verra quelle est la tenue des étables, comment on nourrit le bétail avec soin, et il retournera chez lui avec des idées nouvelles dont il fera son profit. Je n'entrerai pas dans le détail des autres bâtiments ; il suffira de dire que rien ne manque de ce que saint Benoît requiert dans un monastère de son ordre, afin qu'il soit séparé du monde. Enfin, dans un petit bois nouvellement enclos, la chapelle de Notre-Dame de Saint-Julien s'élève en souvenir de la promulgation du dogme de l'Immaculée Conception.

Revenons au monastère et saluons en passant les

six croix qui s'élèvent devant les fenêtres du chapitre qui gardent six tombes. Si tous ceux qui reposent en ce lieu laissent à ceux qui demeurent l'espérance des saints, il en est un dont le souvenir sera gardé dans toutes les générations à Thymadeuc. Il était dans les rangs des frères convers, que la couleur du vêtement distingue seule des autres religieux, et qui ont la même part que les autres aux saintes joies de la pénitence. On pourrait craindre, par un plus long souvenir, de troubler l'humilité de cette tombe. Il n'a d'ailleurs, parmi les frères qui le regrettent et les anges qui l'ont reçu, d'autre nom que celui de *Paulin* (1). On ne saurait l'oublier en parlant de Thymadeuc, et l'ange de ces solitudes eût été attristé qu'on eût passé sous silence une de ses gloires.

Toutes les abbayes de la Trappe se ressemblent ; elles ont toutes le même architecte. Saint Benoît y vit toujours par ses admirables règles ; il inspire non-seulement les âmes de ses enfants, mais c'est aussi son esprit qui anime pour ainsi dire les pierres, en disposant les divers endroits du monastère selon ces règlements qui ont traversé tant de siècles.

(1) Le frère Paulin était né à Saint-Quay, diocèse de Saint-Brieuc.

Aussi nous trouvons, comme partout, le réfectoire, l'église, le chapitre ayant chacun une sortie sur un cloître commun. Ce cloître, rempli de sentences de l'Écriture et destiné aux lectures des religieux, entoure une madone placée au milieu de fleurs cultivées avec soin. Je n'oublierai jamais ce charmant parterre ni son aimable jardinier. Le P. Placide, doux comme son nom, a su garder pour lui toute l'austérité du religieux, et ne montrer au monde que le charme de ses vertus, comme la rose qui croît près de sa madone aimée garde pour elle seule ses épines et laisse exhaler autour d'elle les plus suaves parfums.

En sortant de l'abbaye, nous avons visité avec un grand intérêt tous les champs aujourd'hui si fertiles qui l'environnent, et cette magnifique prairie située sur le bord du canal de Nantes à Brest. Les Trappistes, avec leur patience et leur intelligent travail, ont pu doubler les récoltes qu'ils partagent avec les pauvres. Près de cette prairie est le moulin de la Trappe; dans une pauvre cellule, un frère convers vit seul, comme les anciens ermites, observant les règles de la communauté aux mêmes heures, et venant seulement le dimanche retremper parmi ses frères son âme heureuse de son désert.

Cependant les Trappistes de Thymadeuc n'ont pas seulement bâti pour eux. En 1849, ils ont pris en main la truelle pour élever, au bourg de Bréand Loudéac une maison d'éducation. C'est maintenant l'asile des enfants de ce village et de la jeunesse ignorante du pays. Les sueurs des religieux ont su ainsi se rendre fécondes, et des religieuses y élèvent de jeunes filles pauvres ; déjà un frère de l'institut de M. de La Mennais prenait soin des jeunes garçons. Mais la misère comme l'ignorance trouve accès près d'eux. Le Trappiste a appris de Dieu, dont il est le serviteur intime, qu'il doit aider les autres à porter des croix pesantes ; nouveau Simon Cyrénéen, il comprend toute sa glorieuse mission ; aussi, à l'époque du Jubilé, ces pauvres de Jésus-Christ ont voulu donner leur aumône, et, à défaut d'argent, ne pas ménager leurs sueurs. Une malheureuse famille, chassée de son logis d'emprunt, fut accueillie par eux ; ils ont couvert sa nudité, et leurs mains miséricordieuses ont étendu sur cette pauvreté un toit de chaume qui la protège et l'abrite.

En rentrant au monastère, et en refermant une fois de plus la porte de la clôture, on est surpris à l'aspect d'une croix dont le piédestal est formé d'énormes rochers. Ce sont les trophées du Trappiste qu'il déposa en triomphe au pied de la croix; ce sont les gages d'un succès obtenu sur une terre ingrate par un constant travail, et c'est à la fois une figure des débris de ce monde qui change et s'écroule, tandis que la croix prend dans les tempêtes des racines plus fortes et plus puissantes.

IX.

Nous ne prétendons pas, dans ce court résumé, entrer dans tous les détails de la règle et de la vie du Trappiste. Cette vie pénitente est au grand jour. On y retrouve l'esprit des premiers disciples de saint Benoît, qui anime tous ces hommes de Dieu, et nous ne pouvions ne pas être frappé de ce rapport en lisant dernièrement les belles pages que M. de Montalembert a écrites sur saint Benoît, et qui ne sont que la promesse d'un ouvrage impatiemment attendu. Voici ce qu'il dit des règles données aux premiers disciples de ce grand patriarche; maintenant on y retrouve le miroir de celles des Trappistes de nos jours :

« Loin d'encourager ceux qui viennent frapper
« à la porte du cloître, Benoît prescrit de les lais-
« ser quatre ou cinq jours sans leur ouvrir, afin
« d'éprouver leur persévérance par cette injure.
« S'ils persistent, on les introduit dans l'appar-
« tement des hôtes, et de là, au bout de quel-
« ques jours, dans le *noviciat*. Ici le novice est
« confié à un ancien religieux qui est chargé d'é-
« tudier curieusement sa vocation et son caractère,
« de lui prédire les dégoûts, les difficultés, les hu-
« miliations qu'il rencontrera dans l'âpre voie de
« l'obéissance. Si, après deux mois, il promet de
« persister, on lui lit la règle entière, et on termine
« la lecture par ces mots : « Voilà la loi sous la-
« quelle tu veux combattre ; si tu peux l'observer,
« entre : si tu ne le peux pas, pars en liberté. »
« Trois fois, pendant le cours d'une année entière
« de noviciat, on renouvelle cette épreuve. L'année
« expirée, si le novice persévère, il est averti que
« désormais il ne sera plus en droit de quitter le
« monastère et de secouer le joug de la règle qu'il
« n'a acceptée qu'après une si mûre délibération.
« On lui signifie qu'il va perdre la faculté de dispo-
« ser de lui-même. Introduit dans l'oratoire, de-
« vant toute la communauté, il y promet, devant

« Dieu et ses saints, la stabilité ou le perpétuel sé-
« jour, et en outre, la réforme de ses mœurs et l'o-
« béissance, sous peine de damnation éternelle. Il
« en fait la cédule écrite de sa main et la dépose sur
« l'autel, puis se prosterne aux pieds de chacun des
« frères, en lui demandant de prier pour lui (1). »
Nous pourrions continuer longtemps cette citation,
et on pourrait voir, après ces lignes sur le noviciat
et les vœux, tous les détails de la règle de Saint-Benoît ; nous invitons le lecteur à s'en donner lui-
même la jouissance.

La cloche appelle les Trappistes à l'église, les
jours ordinaires, à deux heures, et les jours de
fête, à minuit et à une heure. L'office et l'oraison
occupent ces instants où le sommeil règne en souverain partout. Le son de la cloche matinale va dire
à tous les pauvres, dans les chaumières voisines,
que leur seconde providence se lève et va prier pour
eux. Le travail des mains interrompt seul les offices
et les lectures pieuses ; en carême, le repas unique a
lieu à quatre heures un quart, à deux heures et demie dans les autres temps, et dans quelques rares

---

(1) *Correspondant*, 15ᵉ volume. *Saint Benoît*, par le comte de Montalembert.

mois d'été les Trappistes font deux repas, à onze heures et demie et le soir. Les premiers chrétiens vivaient ainsi dans la sainte quarantaine, et ne prenaient leur repas de légumes et de racines qu'à la chute du jour. Encore de notre temps nous connaissons des vieillards qui, aux derniers jours de la semaine sainte, ne prennent leur nourriture qu'après avoir vu briller au ciel la neuvième étoile, et qui comptent ainsi autant d'astres qu'il se trouve de chœurs d'anges autour du trône de Dieu.

X.

La Trappe n'est pas seulement le rendez-vous des âmes détrompées des illusions de la vie ou coupables de longs égarements. C'est dans ces solitudes qu'on peut dire que la justice et la miséricorde se tiennent embrassées : l'innocence y trouve son repos, et le repentir se souvient des cieux perdus qu'il faut reconquérir. Que d'hommes, conduits par hasard à la Trappe, y ont rencontré, en partageant le pain noir de ces moines, une paix jusqu'alors inconnue et le calme, la plus belle béatitude du ciel après la vue de Dieu ! Qu'ils viennent, ces hommes lassés des intrigues de théâtre et pour qui l'esprit humain se fatigue à inventer de nouveaux décors ! qu'ils entrent un soir dans l'église de la Trappe !.. La lampe du sanctuaire éclaire ces religieux qui apparaissent immobiles, enveloppés dans leurs vêtements blancs, semblables à des fantômes à cette clarté douteuse. On n'entend que le timbre de l'horloge qui compte une heure nouvelle : inutile pour plusieurs, c'est un trésor pour eux. A un signal, toutes ces voix ne font qu'une voix immense qui s'élève pour porter les hommages des Trappistes à leur reine, et saluer leur vie, leur espérance et leur douceur. *Salve, Regina.*

Ce sont des cris d'angoisse d'un prisonnier vers son libérateur ; ce sont des soupirs humbles et ardents ; ce sont des gémissements et des larmes. On ne peut donner à la voix humaine plus d'expression, et il est impossible d'oublier le *Clamamus* et le *Suspiramus* du *Salve* de la Trappe. *Gementes et flentes ;* on entend les gémissements et les pleurs de l'exilé, et puis c'est un rayon des cieux qui montre le Sauveur dans les bras de la mère invoquée.

S'il est un spectacle plus saisissant encore, c'est celui dont la scène se passe sur le lit de mort du

Trappiste. Lorsque le moment suprême approche, l'instrument de bois qui appelle d'ordinaire les religieux au travail les convie au dernier combat d'un de leurs frères. Alors chacun quitte son occupation et se rend à la couche de l'agonie en récitant le *Credo*, pour présenter ainsi par avance au juge souverain cette profession de foi à laquelle le pieux moribond fut toujours fidèle. Après avoir reçu le dernier viatique et l'onction qui doit fortifier pour le suprême assaut, celui qui va partir parle des saintes joies du départ, et donne aux exilés un céleste rendez-vous. C'est là que la mort tient séance publique sur ce trône de cendre ; le Trappiste sourit à cette amie qui va lui fermer les yeux et le présenter au Dieu pour qui pas une souffrance n'est perdue, pas une plainte égarée, pas une larme inutile et qui récompense une heure de patience par des siècles de béatitude. De nombreuses prières environnent cette dépouille sainte: et lorsque le religieux a été déposé dans sa tombe creusée à l'avance, sans autre cercueil ni d'autre suaire que son vêtement de chœur, son souvenir n'est pas oublié. Pendant trente jours, au réfectoire, sa portion est servie à sa place inoccupée ; on donne à un pauvre cette part du repas de la tombe, tandis que celui dont on dirait attendre le retour, a déjà sa place au festin éternel et à la suite de l'Agneau.

Il faut avoir vu la sérénité du Trappiste sur sa couche de cendre, pour comprendre la joie de sa vie et la paix de sa mort. Son grabat est cependant bien humble et bien rude; c'est encore aujourd'hui le buisson d'épines où saint Benoît se précipita un jour, poursuivi par les souvenirs du monde. Mais lorsque, vainqueur de la lutte contre lui-même, le saint eut relevé son corps meurtri, le buisson avait fleuri et les épines s'étaient cachées sous des roses ensanglantées.

Aux yeux du monde, la couche du Trappiste paraît plutôt d'épines que de roses; il faut, appelé dans cette voie par la volonté de Dieu, s'être précipité avec courage sur le buisson comme ces vaillants athlètes : alors les épines auront perdu leur aiguillon, et la pénitence la plus dure sera environnée de suavités et de parfums inconnus.